물드는
노을 속으로

물드는
을
속으로

백령봉 글·사진

바른북스

서문

삶의 언저리에 묻히어 가는 인생
황혼의 길목에서
저물어가는 세상을 바라보는
노을빛 곱게 물들어가는 하루의 마무리처럼
나의 인생도 물들어가고 있지 않은가?

한 줌의 남은 햇살이 무지갯빛보다
더 아름답게 물들이는 저 모습을
비어가는 내 가슴에 담으면서
제 4 시조집 《물드는 노을 속으로》
어둠이 다 내리기 전에 엮어본답니다

· 책머리 ·

| 제1부 | 서정시

| 제2부 | 그곳에 가면

| 제3부 | 그리운 그 사람

| 제4부 | 시사

| 제5부 | 애련한 정

| 제6부 | 내 마음의 길목에서

목차

서문

책머리

제1부 서정시

가을 이야기	12
민들레의 꿈	13
나의 인생 항로	14
노랑나비	16
들국화	18
봄의 예찬	19
작가의 꿈	20
설중매	22
조약도에 가면	23
참새가 엿듣는 말	24
춘화(春花)	25
홍매화	26
내 고향 심천	27
달님의 사랑	28
목련의 마음	29
봄바람	30
산수화 한 폭	31
시인의 텃밭	32
저녁노을	33
차박	34
채송화	35
포구는 말이 없고	36
꿈은 크고 높게	37

제2부 그곳에 가면

- 보림사 ········· 40
- 빛나거라 완도여 ········· 41
- 산사의 밤 ········· 42
- 서편제 ········· 43
- 여닫이 바닷가 ········· 44
- 연화(蓮花) ········· 45
- 우리 집 ········· 46
- 임인년 새해 ········· 47
- 운주사 와불님 ········· 48
- Unjusa Wabul ········· 49
- 조운 생가에서 ········· 50
- 주도 ········· 52
- 장도에서 ········· 53
- 해상왕 장보고 ········· 54
- 변산반도 ········· 55

제3부 그리운 그 사람

- 가을 소나기 ········· 58
- 노부부의 사랑 ········· 59
- 넙고리 매생이 ········· 60
- 봄이 오는 날 ········· 62
- 비밀의 주인공 ········· 63
- 사랑이란 ········· 64
- 손주 손녀 ········· 65
- 슬픈 연가 ········· 66
- 요즘 밥솥 ········· 67
- 월금정 ········· 68
- 인간 극장 ········· 69
- 인연이란 ········· 70
- 입춘 ········· 71
- 짝사랑 ········· 72
- 태풍 힌남노 ········· 73
- 텃밭에서 ········· 74
- 하얀 고무신 ········· 75
- 한여름 이 가뭄에 ········· 76

제4부 시사

- 12.3 계엄 — 80
- 갑진년 새해 — 82
- 국민들이 바보야 — 83
- 권력 — 84
- 그놈들만 모르쇠 — 85
- 나의 꿈 우리 집 — 86
- 봄은 아직 멀었는가 — 87
- 손가락 하나 자르고도 남을 일 — 88
- 심판 — 89
- 아름다운 세상을 향해 — 90
- 어이할꼬 어이해 — 91
- 오 필승 전라민국아 — 92
- 제주 항공 무안 참사 — 93
- 탈을 한번 벗겨보자 — 94
- 피라미도 용꿈을 꾼다 — 95
- 허허 참 — 96

제5부 애련한 정

- 가을비 — 100
- 그리움 누구 것인데 — 101
- 그리움이 물드는 밤 — 102
- 당신의 사랑이오 — 103
- 꿈을 꾸는 윤슬 — 104
- Dreaming Yoonseul — 105
- 내 마음에 봄 — 106
- 민들레 — 108
- 별나라 — 109
- 봄비 — 110
- 비에 젖은 그리움 — 111
- 사랑은 꽃잎처럼 — 112
- 사랑이란 — 114
- 사알짝 거짓말 — 115
- 세월 속 쌓인 그리움 — 116

시인의 사랑	117
이슬 한 방울	118
임이여 사랑이라면	119
잠 못 이루는 밤	120
전하는 마음	121
저녁노을 바라다본다	122
엄마 같은 누님	124

제6부 내 마음의 길목에서

가을 길에서	128
꽃길에서	129
너는 알까 나는 알까	130
사랑은	131
나도 몰라요	132
돌아가는 길	134
완도 아리랑	136
우리의 완도	137

제1부 서정시

가을 이야기

온다는 말도 없이 무더위
떠난 자리

살포시 다가와서
옷깃을 여며주며

창
가
에
마주 앉아서
가을 이야기 또르르

완도문인협회 2021년 시화전

민들레의 꿈

지구를
뚫고 나와 우주로 쏘아 올린

노란 새싹 하나
푸른 꿈 날개 달고

달
나
라
여행 가는 날
원 투 쓰리 준비 끝

나의 인생 항로

지금은
어디쯤일까 추위를 감싸주는
저 하얀 눈꽃 속에
포근히 잠이 들어
눈보라
휘몰아치는
한겨울 다 보낸다

일어나
걷는 길손 따스한 봄이란다
온몸을 털어내고
어딘지 모르지만
화려한
꽃 매만지며
꿈을 꾸며 살다가

다 낡은
신발짝에 지친 몸 끌고 가는
나그네 인생 항로

등댓불 바라보며

마지막

유람선 타고

떠나가는 여행길

노랑나비

어느 쪽이
암컷인지 어느 놈이 수컷인지
알 수 없는 노랑나비
앞서거니 뒤서거니
한 바퀴
빙그르르 돌아
사푼사푼 꽃잎에

다시 또
춤을 추듯 날다가 내려앉는다
숨바꼭질 순례처럼
찾다가 숨었다가
무엇이
저리 좋을까?
한가로운 저 모습

● **시작 노트**

초가을날 마루에 걸터앉아 있는데
노랑나비 한 쌍이 마당가 꽃밭에서
둘이서 즐기는 모습이 철부지 순진한
청춘 남녀의 모습을 보는 듯이 평화롭게 보여서

들국화

스산한 가을날에 홀로 핀
들국화여
밤이슬 받아먹고
달빛에 물들이며
오롯한
오솔길에서
기다리는 그대여

사 남매 셋째 딸로 귀여움
독차지한
봄바람 긴 여름날
뜨겁게 사랑하고

찬 서리
가을 끝에서
향기 품고 오시는 임

        사 남매 셋째 딸(사군자 매, 난, 국, 죽) 세 번째 국화

봄의 예찬

봄바람
불어와서 버들잎 눈 틔우고
봄 햇살 머문 자리
냉이 쑥 마실 나와
개울물 이야기 속에
송사리 떼 뛰논다

저 파란
하늘가에 뜬구름 두리둥실
종달새 지지배배
산 까치 노래하는
이런 날 우리도 만나
봄나들이 가잔다

작가의 꿈

작가가 된다면은 얼마나 좋을까요
주인공 희로애락 마음대로 울리고 웃고
작가는 글을 써놓고 히죽히죽 웃는다

그놈의 나쁜 녀석 개과천선 시켜놓고
새 앞길 열어주니 세계를 제패하고
금메달 목에 걸고서 눈물까지 흘린다

글이란 이렇게도 신명 나게 쓰고 나면
없는 것도 생겨나고 알부자 천만 석도
한 줌의 재로 만들어 거지꼴이 되고요

명색이 작가라면 보검에 비할쏜가
세상을 보는 눈도 예리한 칼날처럼
민중을 선도해야지 골방에 숨어서야!

등불 하나 켜 들고 세상을 비추리라
오늘도 펜과의 전쟁 끊임없는 채찍질에
잠들은 영혼을 깨워 이루리라 작가의 꿈

● **시작 노트**

시로 등단 시조로 등단을 했으니
이제는 꼭 이루리라
수필로의 등단
다음은 소설로
나의 원대한 작가의 꿈을 이루고 싶은 마음에서

설중매

백 매화 흰 살결에 설화 꽃
사푼 내린

천사의 하늘길에
월중 향 소영인가

매창에
어리는 심사
꿈에서 본 아련함

조약도에 가면

청정한 맑은 바다 깨벗은
미역 보고

전복이 달라붙어
가슴을 베어 문다

한
없
이
내어만 주는
엄마 같은 바다여

참새가 엿듣는 말

한낮의
분 햇살이 들어찬 대청마루
콩 한 줌 대추 몇 알
의좋게 모여 앉아
지나온 삶의 이야기
들려주는 늦가을

할머니
곁에 앉아 참깨 들깨 되고 있다
이놈은 기름 짜고
아들딸 주어야지
혼자서 하시는 말씀
참새가 엿듣는다

춘화(春花)

매화꽃 환한 웃음 살구꽃
봉긋봉긋

바람난 숫처녀가
어디 그뿐이더냐

앞
산
에
진달래 피면
벙글어지는 개나리

홍매화

꼬끼오 울음소리 새벽을
재촉하면

수줍은 새아락씨
달콤한 선잠 깨워

춘
풍
에
옷고름 풀고
봉긋 내민 젖가슴

내 고향 심천

탐진강 강가에서 소 몰고
물장구치던
유속이 살아있는
웃노두 여울머리
지금도
피라미 떼는
헤엄치며 노닐겠지

투망으로 고기 잡아 매운탕
끓여 먹던
그 추억 어디 가고
기억산 달, 그림자
밤새워
기울고 나면
또 한세월 가는구나

(웃노두) 예전에 물이 얕은 곳에 강을 건너는 징검다리가 있는 곳

달님의 사랑

밤은 깊어
야심한데 고요를 딛고 서서
찾아온 내 손님이
누군가 하였더니
들창가
엿보던 달님
허락 없이 들어와서

초막의
외로움을 다독여 어르면서
어긋난 마음까지
안아서 품어주고
살포시
잠재워 놓고
새벽 강을 건너간다

목련의 마음

새하얀 등불 하나
불 밝혀 피우는 날

당신의 사랑이란
이름표 하나 달고

끝없는
소원 성취를
빌어주는 그 마음

봄바람

스치는 바람에도 하고픈
말 한마디

그 짧은 순간 속에
옷깃을 부여잡고

풋가슴
열어 보려고
사랑한다 고백하네

산수화 한 폭

붓 한번 휘저으니 산들이
솟아나고
쭉 뻗은 능선 따라
붓끝에 세운 절벽
폭포수
내리치는데
정자 하나 배 한 척

뉘라서 보고 지고 감탄을
않겠느냐
정자에 걸터앉아
술 한 잔 시 한 수로
세상사
시름을 털고
바람같이 살련다

겸재 정선의 산수화 한 폭

시인의 텃밭

하얀 밭 백지 위에 소 몰고
밭을 갈아

순백의 언어들로
정성껏 심은 씨앗

만 송이
꽃으로 피워
풍년가를 부른다

해남문인협회 2023년 시화전

저녁노을

저물어 가는 하루 너무나
아쉬워서

노을이 곱게 곱게
물들여 보는 거야

자네도
그리움 하나
물들이면 어떤가

차박

집 한 채 이고 지고 내 멋에
사는 세상

바람도 고요한
오늘은 절간에서

내
일
은
구름 가는 곳
바람 따라 가리라

채송화

대문 밖 돌담 아래 잡풀 속
채송화야

보일 듯 가려진 채
뾰족이 내밀고서

삶이란
무엇이더냐
꿈 하나 키우는 것

● **시작 노트**

대문 밖 간단한 한마디이지만 바로 세상을 이야기해 놓고
어쩌면 우리가 사는 이 사회의
힘들게 살아가는 우리들의 자화상을 그 어린 채송화에 담아서
그래도 굴하지 않고 풀 속을 헤치고 나오는 모습에서
삶이란 무엇이냐 꿈 하나 키운 것이란
한 송이 채송화가 독자가 아니었을까?
시인의 마음으로 바라다보았답니다

포구는 말이 없고

노을빛
끌어안고
섬과 섬이 마주 앉아
한잔 술 반쯤 취해
붉게 물든 서녘 하늘
갈매기
둥지를 찾는
말이 없는 포구에

살포시
밀려와서
토닥이는 파도 소리
오늘도 무사안일
만선은 아니지만
축 처진
어깨너머로
하루해가 저문다

심호 이동주 문학제 작품상

꿈은 크고 높게

지구를
뚫고 나와 우주로 쏘아 올린

노오란 새싹 하나
푸른 꿈 날개 달고

달
나
라
여행 가는 날
원 투 쓰리 준비 끝

제2부 그곳에 가면

보림사

가지산 비자림에 천년을
눌러앉아
구름도 연꽃으로
피었다 머무는 곳
산사에
저무는 노을
단청빛도 곱구나

동양의 3 보림사 높은 뜻
천년 가람
선풍에 흐르는 경
은은한 목탁 소리
성불로
새겨진 불탑
등불 하나 밝힌다

3 보림사 (한국 보림사, 인도 보림사, 중국 보림사)
장흥군 유치면 봉덕리

빛나거라 완도여

당신은
  아시나요 용이 잠든 완도항을
    승천하는 용을 타고
    파도 위에 길을 내며
      바닷길 활짝 열린다
        오대양 육대주로

여의주
  입에 물고 용이 잠든 완도항에
    하늘 문이 열리는 날
    꿈을 향해 달려 나가
      세계가 기다리는 세상으로
        청정 바다 수도 완도여

완도 우체국 시화전 작품

산사의 밤

고요한 산사의 밤 나그네
잠 못 들어
불 꺼진 탑을 돌아
소원을 빌어본다
月下에
발걸음 소리
아련해진 내 마음

인생의 가는 길이 정해져
있다더냐
선경에 풍경 소리
천상의 음률인가
은은한
예불 소리에
동이 트는 새 아침

서편제

청산에 사는 새야 구슬픈
남도 가락

눈멀고 귀멀은 세상
한으로 남았더냐?

파도는
너를 못 잊어
사철가를 부른다

　　　　　　　　　　　　청산도 서편제 촬영지에서

여닫이 바닷가

여닫이
바닷가에 한승원 시비 마을

따스한 사랑 노래
자연의 숨소리까지

그리움 가슴에 남아
추억들이 사는 동네

발자국
소리마저 파도가 시를 쓴다

영혼들이 마주 앉아
나누는 차 한잔에

한 떨기 꽃으로 피어
살아 있는 시어들

장흥군 안양면 여닫이 바닷가에 가면은 한승원 시비가 있답니다

연화(蓮花)

갈맷빛 그리움 안고 불 밝힌
연등 하나

염원의 불탑처럼
오롯이 솟아올라

부
처
님
설법보다도
염화미소 묵언 중

우리 집

문풍지야 울지 마라 차가운
바람 소리

아직도 오두막집
양철 지붕 떨고 있는

이 집도
용궁이란다
둘이 사는 우리 집

완도군 약산의 구옥에서

임인년 새해

새해를 맞이하려 수많은 사람들이
누구를 위하여 무엇을 바라보고
동쪽 끝 정동진에서
기다리고 있을까

여명이 밝아오는 찬란한 새 아침을
기다린 민초들의 소망을 담아 안고
눈 번쩍 신의 한 수에
임인년이 열린다

운주사 와불님

천년 넘어
누워만 계시는 와불님 우리 와불님

눈을 좀 떠보시고
일어나 앉으세요

세상은
변해가면서
새벽, 닭 또 우는데

Unjusa Wabul

Over a millennium
Lying down, our reclining Buddha

Open your eyes
Sit up

The world is
As it changes
Dawn, the rooster crows again

조운 생가에서

1.
내팽개 버려진 듯 찾기도 힘든 곳에
이름표 하나 달고 숨겨진 어둠 속에
거미줄 걸려 있어도 서린 정기 그대로

올곧은 대나무가 무슨 뜻 있으랴만
동산에 시비들은 가슴에 품고 있다
우리가 해야 할 일은 이제부터 시작이다

2.
그 고운 언어들이 빛바랜 세월 속에
보물로 묻히었다 꺼내본 햇살 아래
빛나는 금은보화가 우리 곁에 빛날 때

영원히 지지 않는 꽃으로 핀 시어들이
옹기종기 둘러앉아 등불을 밝혀놓고
조운의 문학동산에 환한 햇살 비춘다

3.
죽어도 살아 있는 혼불 같은 시조 가락
찾는 이 가슴에다 모닥불 지펴놓고
가마솥 끓는다 끓어 달래주는 배고픔

어디에 계시던지 무엇을 탓하리까
거기도 내 땅이요 여기가 내 집인데
나그네 찾아오거든 양식 한 줌 퍼주세요

● **시작 노트**

2023년 7월 조운 생가를 다녀오면서
1988년 월북 문인 해금 조치
본명은 조주현 창녕조씨 호는 정주랑 자는 중빈

주도

고요한 완도항구 주도는
여의주라

보석같이 빛나는 날
하늘을 날기 위해

용틀임
아무도 몰래
하고 있는 것이다

                              완도항 안에 있는 작은 섬 이름

장도에서

푸른 꿈 부서지고 파도로
출렁인다

역사는 살아 있다
해상왕 장보고

이 땅에
남겨진 흔적
청해진의 영광이여

완도문인협회 2024년 시화전

해상왕 장보고

역사의 숨결이 살아 있는 장도 바다
해상왕 장보고는 푸른 꿈을 꾸면서
천 년 전 그날의 영화 바라보고 서 있다

청해진 드높은 기상 다시 꽃 피우라고
아직도 목책 넘어 파도는 출렁인다
우뚝 선 장대한 모습 해상왕 장보고

변산반도

내변산 안고 돌아 채석강
쌓인 역사

서해의 푸른 바다
앙가슴 틔워 놓고

물
드
는
저 고운 노을
내 인생의 여행길

제3부 그리운 그 사람

가을 소나기

저 하늘 먹장구름 무에 그리
바쁘신가

멋지게 뛰어놀다
울음보 터진 아이

한바탕
우르르 쾅쾅
번개 천둥 울린다

바작에 두엄 지고 밭으로
가던 울 아버지

마당에 널어놓은
나락은 큰일이다

똥줄이
급했나 보다
내던지고 달린다

노부부의 사랑

외로운 꽃을 찾아 나비로
날아와서
꽃 가슴 깊은 곳에 꿀 같은 사랑으로
단꿈에 청춘은 가고
황혼빛에 물든다

꽃이야 피고 지고 또다시
피어나서
새봄을 노래할 때 사랑은 영원한 것
하늘 끝 사랑이라면
별이 되어 만나리

넙고리 매생이

시린 손
호호 불며 새벽별 따라가서
뱃전에 가슴 대고
반 울음 참아가며
매생이
광주리마다
채워가는 아픈 설움

칼바람
파고드는 그 겨울 모진 바람
타고난 운명으로
받아 든 넙고리 여인
매생이
한철 지나면
웃음꽃이 번진다

● **시작 노트**

논이 하나도 없는 넙고리 마을의 특성상 한겨울 매생이가
주 농사인데 추워야 매생이가 풍년이 드는 것을 알고 있기에
시집살이보다 더 모진 칼바람에도 운명으로 받아들이고
그 추위를 이겨내고 살아가는 넙고리 마을 여인들의 삶을 조금이나마
위로와 함께 살아가는 마을의 한 단면을 보여드려 본답니다

봄이 오는 날

찬 바람 가시기 전 쏙 내민 푸른 새싹
양지쪽 언덕배기
파릇이 물들이면
아낙네
나물 바구니
가득 채울 봄이여

소 몰고 밭을 갈던 그 시절 생각하면
막걸리 한 사발에
넉넉한 마음 하나
내 마음
주책도 없이
사랑가를 부른다

비밀의 주인공

누구의 비밀일까 아무리
생각해도

월하의 두 그림자
영화 속 주인공들

사
랑
은
그래 그렇게
몰래 하는 맛이란다

사랑이란

한달음에 달려가 만날 수
있다면은

작달비 맞고라도
달려가 안기겠지

사랑은
멀리 있어야
더 그리워지는 거래

손주 손녀

여보 여보
당신 가슴에
꽃씨를 뿌렸더니

송이송이
피어난
저 아름다운
꽃들 좀 보소

슬픈 연가

눈꽃 속 품에 안긴 동백의
붉은 입술

몰래 한 사랑일까?
이별의 눈물이여

햇살에
뜨거운 사랑
슬픈 연가 뚝 뚝뚝

요즘 밥솥

무쇠솥 걸어놓고 불 지펴
밥을 짓던

그 시절 어머니의
고달픈 인생살이

밥
솥
이
말을 한다니
믿을 수나 있을까?

월금정

내 어찌
보았으리 월금정 뜨는 저 달
고요한 적막 속에
숨겨진 연화의 꽃
고고히
흐르는 달빛
부여안고 사느니
그대는
천상의 꽃 빛나는 별이 되어
그리운 이야기는
가슴에 새겨두고
이승에
이별이라면
넋이 되어 만나세

● **시작 노트**

월금정, 블로그 친구 님의 닉네임
한 번도 만나지는 못했으나 시로 서로 마음의 문을 열고
주고받은 벗님의 안타까운 비보를 듣고
가신 님의 명복을 빌며 그리운 마음을 전언해 보았답니다

인간 극장

다양한
사람들의 주옥같은 드라마
삶이란 무엇인가?
사연도 가지가지
세상을
산다는 것은
하늘이 준 선물인데

현실을
살아가는 가족의 희로애락
아픔을 이겨내고
사랑이 넘쳐나는
행복을
만들어 가는
우리들의 이야기

인연이란

세월 따라서 왔다가 인연 따라서 가는 인생
당신은 누구시길래 내 마음 흔드시나요?
첫눈에 반해버렸고 설레는 내 마음

지나는 길목에서 눈이라도 마주치면
부끄러워 말 못 하던 그 시절 아련하오
달빛에 젖은 그림자 아름다운 그 인연

아무리 생각해도 우리의 인연이란
거기가 끝이었을까 이제 와 생각하니
그 인연 깊어졌으면 사랑이라 말하리

똑같은 하늘 아래 지금은 어디에서
행복에 꿈을 꾸며 살아가고 있겠지요
뜬구름 흘러가는 곳 생각 머문 그 사람

입춘

화들짝 놀란 봄이 가슴 시려
우는 걸까?

촉촉이 젖은 가슴
은밀한 그곳에서

긴 겨울
사랑에 빠진
멍울진 꽃봉오리

짝사랑

가슴 시린 추억마저 당신의
것이었나

온종일 생각하다
물드는 저녁노을

황
혼
이
물드는 가을
잊을 수가 없구나

태풍 힌남노

힌남노 태풍 경보 매미와 사라호가
다시 또 태어났나 그놈이 지나간 자리
피해는 말할 수 없이, 엄청나게 많았다

한 번씩 겪고 나면 쑥대밭이 되고 만다
무사히 지나가길 빌고 비는 마음이다
자연의 무서운 힘을 이겨낼 자 누 있는가?

이놈이 하도 커서 걱정도 태산이다
입으로 호호 불어 일본으로 보내야지
한울님 제 기도 소리 태풍보다 더 크지요

텃밭에서

아내의 손끝으로 무 · 배추 심어놓고
가을밤 이야기에 오순도순 모여 앉아
푸른 꿈 주고받으며 밤이슬에 젖는다

말 없는 순간에도 떡잎은 펼쳐지고
어느새 자랐는지 속 노란 배추 보소
무시는 술래였을까 팔뚝보다 더 크다

올겨울 김장이야 차고도 넘치겠다
해설피 웃고 있는 코스모스 고운 향기
바람이 살랑거리며 가을 길을 걷고 있다

하얀 고무신

고무신도 반짝반짝 윤이 나게 닦아놓고
아버지가 외출하면 신이 나고 즐거웠지!
한세월 다 보내고 아버지도 떠나가고

고향집 댓돌 위에 그대로 홀로 남아
지친 몸 끌어안고 추억에 기대인 채
나마저 가고 없으면 뉘라서 찾아올까?

다 낡아 삶은 마음 내 마음도 너를 닮아
기다리고 기다리다 세월 속에 묻히겠지
고향집 댓돌 위에 그 하얀 흰 고무신

전남문인협회 2024년 시화전

한여름 이 가뭄에

가뭄이 심할수록 기다린 비는 안 오고
농작물은 물론이고 식수마저 걱정인데
기상청 일기 예보는 내일도 온다는데

거짓말은 아닌 거 같다 남쪽은 아니지만
윗녘은 비가 와서 물난리가 아니던가
촌부의 속 타는 심정 하느님만 모르실까

태풍에 장마라도 왔으면 좋으련만
저 하늘 뜬구름이 이리도 미운 날에
아침에 쌍무지개는 무슨 조화이던가

내일은 내리겠지 또 한 번 속아보고
기왕에 올렸거든 땅속에 물들게 와서
시들은 농작물까지 새 생명을 주소서

제4부

시사

12.3 계엄

똥긴 놈이 성을 낸다 세상 참 더럽구나
국민은 무시한다 제 놈들 세상이다
국민을 위하는 척 말로는 장관이다

너무나 뻔뻔하다 양심도 없는 놈들
계엄은 잘못했다 탄핵은 안 된다고
애들도 잘못했으면 용서를 빌 줄 안다

국민만 불쌍하다 분노한 가슴들이
차가운 밤거리를 메우고 또 메운다
나라가 위태로우니 먼저 나온 아이들

전국의 방방곡곡 세상이 요동친다
찬 서리 겨울밤을 지키자 민주주의
응원용 봉 하나에 트랙터가 웬 말인가?

숨겨진 구중궁궐 얼마나 버티겠나?
겨울은 지나간다 봄날이 올 것이다
그 누가 막을 수 있나 두고 보면 알겠지!

결국은 쇠고랑에 보리밥도 아깝구나
아무리 발버둥을 쳐도 이제는 소용없다
시간은 국민 편이다 나락으로 떨어진다

양심이 남아 있다면 아직도 늦지 않았다
두 무릎 꿇어앉아 머리 숙여 사죄하라
사람은 용서하겠지 죄는 안고 가거라

갑진년 새해

갑진년 푸른 청룡 날개를
활짝 펴고
금당도 등을 밟고
불같이 타오른다
새날의
첫걸음부터
우렁차게 내디딘다

간절한 마음으로 두 손을
모아놓고
새해의 소망 하나
하늘에 비옵니다
이 땅의
자유와 평화
한라에서 백두까지

국민들이 바보야

이놈이나
저놈들이 모두가 다 똑같다
그러니 나라가
이 모양 이 꼴이다
법대로
하신다고요
하나같이 죽일 놈들

자기들
입맛대로 만들려는 짜 짱 봉인지
그 나물에 그 밥이다
여의도나 용산이나
그놈들
천국이란다
국민들이 바보야

권력

호랭이
없는 산골 부앵이
네 이놈이

범 바위 차지하고
통 크게 울어쌓는다

둥근 해
떠오르거든
이슬처럼 사라질걸

그놈들만 모르쇠

잊은 게 아닌데도 그냥 묻어 버린 거야
이태원 참사부터 홍수에 물난리에
죄없이 죽어간 국민 어디 한둘인가요

태풍까지 몰아닥쳐 사무치는 마음인데
잼버리 부실 행사 일본에 오염수까지
나라가 어찌 될랑가 그놈들만 모르쇠

지구촌을 둘러보소 바이든 기시다 놈
그 두 놈 뿐인가요 많고 많은 나라들과
똑같이 손을 잡아야 만국기가 펄럭인다

나의 꿈 우리 집

문풍지야 울지 마라 차가운
바람 소리

허름한 오두막집
양철 지붕 떨고 있는

이 집도
대궐이란다
살고 있는 우리 집

봄 햇살 동백꽃에 사랑을
고백하면

내 꿈은 살아 있다
하늘도 내려보는

철옹성
돌담집 짓고
행복하게 살련다

봄은 아직 멀었는가

민초는 움츠리고 가슴은
먹먹한데

세상은 어지럽고
그 누가 달래주나?

끝없는
방황의 길목
봄은 아직 멀었는가?

손가락 하나 자르고도 남을 일

아는 놈이 더 무섭다 뒤에서
총질하는
너 한번 두고 보자
얼마나 잘되는가
하늘도
이런 놈들은
도와주지 않는다

그러니 이 모양이다 꼬락서니
한번 보소
나라가 엉망이다
이런 놈 뽑았으니
찍은 놈
손가락 하나
자르고도 남을 일

심판

설 한풍 가슴 아린 긴 겨울
다 보내고

따스한 바람 불어
봄은 언제 오려는가

소식은
깜깜하구나
정답은 파면이다

아름다운 세상을 향해

경제가 어렵다고 모두가 아우성치는데
용산의 한복판에 명패를 바꿔 달고
이놈들 때려잡아라! 칼자루를 쥐여 준다

목 좋은 자리마다 그놈의 측근들이
한자리 차지하고 미동도 하지 않고
아무리 울부짖어도 듣지도 보지 않는다

아무렴 어쩔 거야 세상은 공평한데
힘들고 지쳤지만 한번은 소리 질러
뒤바뀐 세상천지에 살았으면 좋겠다

어이할꼬 어이해

저 강물 흐르는데 물 없어 말라 죽고
세상은 뉘 맘대로 연놈의 세상인가?
하늘도 무심하시지 어이할꼬 어이해

잿빛 하늘 물들이며 떨어진다 떨어져
썩은 해 떨어지면 둥근달 떠오르겠지
휘영청 밝은 달아 떠올라라 떠올라

민생 초 기다리는 새날이 밝아온다
한 시절 길어지면 세상이 위태롭다
탈을 쓴 이리였구나! 어이할꼬 어이해

오 필승 전라민국아

어둠에 묻힌 세상 불빛은
어딨느냐
누구의 잘못인가?
불 밝힌 지난날들
희망은 보이지 않고
거짓 선동뿐이다

4.10 밝아온다 기회는
이번이다
깃발을 높이 들어
뭉쳐야 하느니라
오 필승 전라민국아
충무공의 말씀이다

횃불 든 NY이다 희망의
등불이다
새로운 세상에서
멋지게 살아보자
민주의 꽃 피워보자
아름다운 이 세상

제주 항공 무안 참사

그 아픔 누가 알았을까 준비도 안 된 참사
무안의 아픔은
누구를 탓하오리까
유가족의 울부짖음 가슴은
딱 한 놈 숨어서 호의호식하고 있다
소한도 슬퍼서 울음 우는가?
비가 내린다
하늘도 무심하시지
세월호 참사도 못다 잊었는데
무안의 참사까지
이 아픔 달래줄 체포는 언제쯤일까
먼저 가신 혼이라도 더
좋은 나라에 영면하소서

● **시작 노트**

제주 항공 무안 참사의 아픔을 보면서 온 국민이 슬퍼하는데 딱 한 놈 뒤에 숨어서 호의호식하고 있다
소한같이 추운 날 하늘도 얼마나 슬펐을까 비가 내린다
아픈 참사 가슴을 달래주려면 체포라도 빨리해서 감옥에 넣어두는 게 가장 모든 아픔까지도 달래줄 것이라 믿는다

탈을 한번 벗겨보자

세상에 가려진 탈 너무나 많고 많다

각시탈 벗겨보자
이름하여 명품 백 탈

오십 억 클럽이란 탈
듣도 보도 못한 탈

대장동 탈속에서 말없이 죽어간 탈

죽어도 같이 죽을
개 딸들 가면극 탈

썩은 탈 벗기고 나면
좋은 세상 오겠지

피라미도 용꿈을 꾼다

아리수 맑은 물에 씻지도
않은 숭어

하늘 향해 날아올라
구름을 잡겠다고

날개도
없는 것들이
용의 꿈을 꾸느냐?

● **시작 노트**

4월 10일 총선이 다가오니
짱뚱어 망둥이에 피라미들까지
함께 뛰노는 것을 보고 있는 국민의 마음을
생각하면서 참숭어 한 마리는 그래도 뛰어오르겠지요

허허 참

자연의 섭리대로 세상은 돌고 돈다
검날이 판을 치니 세상이 요동친다
중천에 해를 가리고 개기월식이란다

암탉이 우는 세상 세상이 말세로다
용산은 어디 있나 외개에 있다더냐
낮과 밤 뒤바뀐 세상 그들만의 세상사

잡을 수 없는 것이 세상의 이치란다
알아야 면장인데 모르고 엄지발가락
속은 게 잘못이라면 누구를 탓하리오

하루해 뜨고 나면 기울고 마는 것을
바람에 밀려가는 구름이 되지 말고
석양빛 저 고운 노을 지는 해가 어떤가

제5부

애련한 정

가을비

밤비에 젖은 가슴 한 옥타브
낮게 낮게

기쁨 반 설렘 반
떨리는 연주 소리

애
타
는
단풍잎 위로
홀로 부른 아리랑

그리움 누구 것인데

가슴에 숨어 사는 그리움 너였구나
인연은 무슨 인연 공짜로 사는 거니
아무리 생각을 해도
첫사랑의 그림자

때로는 보고파서 물드는 노을처럼
첫눈을 기다리는 설레는 마음일까?
청춘의 푸른 날개는
훨훨 날고 싶구나

가슴에 담아두고 한마디 말 못 하고
은근한 눈빛으로 바라만 보았었지!
사랑은 지난 이야기
시 한 줄로 써놓고

문자로 카톡으로 미리내 별들같이
보내준 너의 마음 탑을 쌓고 있구나
그리움 누구 것인데
내 가슴에 사느냐?

그리움이 물드는 밤

무엇이 그리워서 잠들지!
못하는가

혼자서 애태우는
철없는 나그네여

그것도
행복이라네
품고 사는 그리움

생각은 천리만리 그대의 품 안으로
달려가 안기고픈 마음이 아니겠소
두 손을 모아본다면 그런 날이 오겠지요

당신의 사랑이오

아침상
식탁 위에 상패와 꽃병 하나
어제 타온 상이라며
아내가 올려놓은
상패와 마주 앉아서
웃고 있는 꽃향기

이렇게
좋은 날이 언제 또 있을까요
아내의 정성 어린
생일상 그날보다
오늘이 더 좋은 것은
당신의 사랑이오

꿈을 꾸는 윤슬

빛나는 언어들이 가슴에 살고 있다
대문을 살짝 밀어 살포시 아장아장
잉태한 사랑의 씨앗 멍울진 꽃 그 속에

어여쁜 꽃잎들이 보일 듯 보이지 않고
하늘을 날고 있는 무지개 푸른 꿈들
세상의 숨은 이야기 귀 기울여 듣다가

새벽닭 울음소리 영롱한 이슬처럼
해맑은 모습으로 왔다가 가는 길에
꽃보다 더 아름다운 꿈을 꾸는 윤슬들

Dreaming Yoonseul

Glowing languages in your heart Live
Swipe the front door
Toddler at the time of spraying
The Seed of Love Conceived In the midst of a bruising flower

I can see the pretty petals nvisibility
Flying in the sky rainbow blue dreams
The Hidden Story of the World Listen intently

The crowing of the rooster at dawn Like the Dew
With a sunny appearance On the way back and on the way
More beautiful than flowers Dreaming Pleasures
AttributionContent ChangeNonprofit

내 마음에 봄

마음을
열어놓고 봄소식 기다린다
바람이 달려와서
옷소매 부여잡고
뜰 아래
다 늙은 매화
선잠을 깨운다

방긋이
솟아오른 수선화 푸른 입술
보일 듯 보이지 않는
숨겨둔 애인일까?
그리움
만조가 되면
터져버릴 꽃망울

● **시작 노트**

만조 바닷물이 가장 많이 차오를 때
때는 초가을인데 지나온 봄날의
그리움에 젖다가
내 마음에 봄을 화선지에 그리듯이 그려보았답니다

민들레

추억이 그리워서
찾아간 그곳에는

민들레
웃는 모습 너만 봐도 반가운데

첫사랑
가슴에 심던
정에 겨운 돌담길

별나라

우리가 사는 세상 여기가 천국일까?
꽃 피고 지고 피는 만나는 인연 따라
그만큼 주고받으며 무엇을 더 바라

사랑도 하였더니 행복의 꽃도 피고
쌓이는 시간 속에 묻어둔 그리움들
마지막 가져갈 것이 하나 없는 이 세상

철들면 가는 거야 익은 벼 고개 숙이듯
눈 한번 감고 나면 별나라 아니겠니
행여나 기다려 줄까 사랑했던 인연들

봄비

메마른 가슴안에 봄비가
다가와서

기다린 목마름에
가지 끝 눈망울로

꽃
으
로
피운 그리움
보고 싶은 그 얼굴

비에 젖은 그리움

보슬비 내리는 날 가슴을 적시면서
흐르는 빗줄기에
그리움 쏟아지니
추억의
담을 넘어서
옛사랑을 그립니다

찻잔을 앞에 놓고 상념에 잠긴 모습
소녀의 떨림 같은
새하얀 마음으로
그대를
품을 수 있는
비에 젖은 그리움

사랑은 꽃잎처럼

꼭 품어 안아봐야 내 것이라
말하리까
오가는 밀어 속에
사랑은 피어나고
그리움
물들고 나면
다시 피는 꽃처럼

사랑은 몰래몰래 꽃으로
피어난대요
향기는 내 것이 아닌
당신의 것이라오
꽃잎은
다시 피는데
별로 뜨는 내 사랑

● **시작 노트**

사랑은 순결하고 아름다운 것
가슴에서 가슴으로 오갈 수 있다면은
더 숭고하지 않을까요
육신의 아픔은 다 견딜 수 있는 것
피울 수 없는 꽃이라면 더 안타까운 것
간절한 마음으로 두 손을 모아 사랑의 기도를 올려봅니다

사랑이란

수천 번 불러보고 수만 번
바라봐도

어둠에 빛이 나는
원심은 그대로야!

사랑은
씨앗을 뿌려
꽃처럼 가꾸는 거래

사알짝 거짓말

아이고 다리 아퍼 이놈의
무릎까지

고것도 일이라고
아프다고 엄살이요

아
니
여
참말이랑께
아퍼서 죽겄구만

세월 속 쌓인 그리움

바람 불어 이 좋은 날 흘러가는 구름 위에
써 내려간 편지 한 장
그리운 임 전해주련
구름아 너는 알겠지 임이 계신 그곳을

날마다 보내는 마음 그 임은 아시려나
비바람 몰아치고 눈보라 휘날려도
그리움 담은 편지에 보고 싶음을 전합니다

갈바람 불어오고 낙엽이 뒹구는 날
소쩍새 우는 밤이면
그리움 사무치고
여민정 가슴에 남아 꿈속에서 헤맨다

시인의 사랑

인생길 피고 진 꽃 바라만
보았는데
그 이름 백련 화야
그리움 탑을 쌓고
여민정
가슴에 품어
긴긴밤을 수놓고

세상 끝 간이역에 만날 수
있다면은
못다 한 말 한마디
너무나 보고팠소
사랑은
아름다운 죄
영혼으로 하는 것

이슬 한 방울

선연한 고향 내음 그리움
물들이고

풀잎에 눈물 같은
수정빛 방울 하나

밤
세
워
전하지 못한
순결한 마음 한 자락

임이여 사랑이라면

창가에 쏟아지는 별들의 이야기는
밤마다 들려주는
당신의 사랑이었어
긴긴밤
저무는 달빛
그리움만 물들이고

이슬로 방울방울 맺어질 사랑이여
바람도 소리 없이
내 가슴 흔드는가?
임이여
사랑이라면
손이라도 잡아주오

잠 못 이루는 밤

세월에 시린 가슴 홀로이
기리는가
묵언의 기도에도
두 손을 모으고서
그리움
물드는 밤에
촛불 하나 밝히고

뜬구름 지나가듯 스치는
바람에도
억겁의 인연인가?
붙잡는 긴긴밤을
목마른
사랑 하나가
임을 찾아 헤맨다

전하는 마음

좋았던 감성으로 서로를
바라보다
님이라 불러주는
따스한 임의 음성
새싹이 돋아나듯이
청 푸른 봄의 연가

멍울진 꽃잎 속에 담아둔
짙은 향기
바람결 타고 오는
은은한 님의 순결
해 저문 노을빛처럼
곱디고운 그 모습

허공에 그려지는 구름인 양
사라지고
무지개 꽃구름 타고
내려올 천사처럼
첫눈이 몰래 내린 밤
그대 곁을 찾으리

저녁노을 바라다본다

피었다 시든 꽃에 사랑이
다시 필까?
파도가 밀려오는
섬마을 새아락씨
해당화
꽃 진 자리에
모래톱만 쌓인다

바람이 불어와도 빈자리
못 채우고
가슴에 꽃씨 하나
살포시 묻어놓고
서산에
저무는 노을
바라보고 서 있다

● **시작 노트**

섬마을에 시집와서 힘들게 살아가는 여인에 슬픈 운명 같은 해당화의
피고 지는 사랑은 어디로 가고 파도에 밀려와 쌓이는
모래톱처럼 여인의 가슴에 쌓이는 그리움은
아름답게 물드는 노을빛을 자신의 가슴에
그려보고 오늘도 그렇게 서 있지 않을까? 해서랍니다

엄마 같은 누님

못 잊을 나의 누님 너무나 그리워서
오늘도 불러보고 그려도 본답니다
서산에 물드는 노을 나도 따라가옵니다

가신 지 몇 해인데 엄마 같은 나의 누님
가슴에 주신 정은 아직도 못 잊어서
부르고 불러봅니다. 세월 흘러 잊을까요?

밤이면 별이 되어 창문을 서성이고
바람에 구름으로 내 곁을 맴도나요
무심을 건너뛰어서 꿈에서나 만나요

제6부
내 마음의 길목에서

가을 길에서

10월의 어느 날
저 강을 건너온 바람이
갈대를 부여잡고 춤을 추네요

하늘도
마음을 비운 듯이
맑고 청명하다

가을 길을 걷는
노부부의 다정한 모습
당신과 나 이것이 바로 행복이 아니겠소

꽃길에서

반겨주는 꽃의 미소가
너무나 아름답구나
바람이 너의 향기를 실어
나에게 전해주는 건
마음에서 우러나오는 사랑일 거야

나는 너를 바라다볼 뿐
무엇을 전할 수가 있겠니?
그래 나도 너에게
사랑의 미소를 전해주련다
너와 나 마주 보며
웃고 웃는 사이
세상이 다 온통 아름답구나

꽃은 언제나 아름다운 거
나도 너의 영혼을 닮고 싶구나
소리 없이 꽃잎이 떨어져 누워 잠든 날
나도 너처럼
그렇게 잠들고 싶단다

너는 알까 나는 알까

한겨울 강추위에 떨고 있는
나무를 바라보렴
가진 사랑 다 내주고
앙상한 뼈마디에
파고드는 외로운 고독에도

그리움 가득 안고
새봄을 기다리는
신부의 마음 닮은
나무의 진실을
너는 알까 나는 알까?

세상에 홀로 서서 바라보는
너의 마음 나의 마음
푸른 잎새 돋아나고
꽃향기 그윽하면
그것이 바로 사랑이란다

사랑은

당신을 사랑하는 그날부터 내 발길은 가벼웠다오
가지도 못하면서 아니 갈 수도 없으면서
허공에 그려져 있는 당신이 오라는 듯
하얀 눈이 소복이 내리는 날
설레게 하는 마법의 손짓을 나에게 보내주는구려
장독대 위에 내리는 햇살
하얀 마음 다 녹아내리고 나면

꽃 피고 세우는 날이 어찌 굴러가 버렸는지
낙엽이 뒹굴고 또다시 흰 눈이 내리는 날이 오면
당신의 첫눈을 기다리는 마음이
내 가슴에 전해져 오는구려
사랑은 꿈을 꾸는 희망과 용기를 주면서
첫눈을 기다리는 마음은 똑같을 테니까요!
사랑은!

나도 몰라요

1절
돌아온다 그 한마디 잊지는 않으셨지요
함께했던 추억이 남아 있으니까요
계절은 철을 알고 돌아오듯이
잊지는 말아줘요 세월이 흘러가도
마음은 언제라도 당신 곁에 있으니까요
기다리다 늦지 않게 돌아와 줘요
더 이상은 몰라요 나도 몰라요

2절
돌아올 순 없나요 언젠가 돌아오겠죠
우리 함께 사랑을 했으니까요
꽃 피는 새봄이 돌아오듯이
잊지는 말아줘요 세월이 흘러가도
마음은 언제라도 당신 곁에 있으니까요
기다리다 늦지 않게 돌아와 줘요
더 이상은 몰라요 나도 몰라요

후렴

그리운 사랑이라 멀리 있나요

보고픈 사랑이라 멀리 있나요

몰라요 몰라 나는 몰라요

가수 정정아 노래를 작사해서 보내준 것이랍니다

돌아가는 길

누구나 왔다가 돌아가는 길
나도 가고 너도 가고
누구는 소풍이 끝나는 길이라 했고
누구는 여행이 끝나는 날이라 했다

소풍도 여행도 모두가 인생인 것을
먼저 오신 형님도 살아 계시는데
늦게 온 내 딸이 먼저 갈 줄이야
가슴에 한이 서린다

천국도 극락도 지옥도 모두가 싫다
돌아가는 길모퉁이
한 송이 꽃보다는
저 하늘에 반짝이는 별이 되고 싶다

돌아가는 길 구름 타고 갈 때는
바람아 너는 알겠지!
노을도 목이 타 물들이면은
연기처럼 사라질 것을 나의 돌아가는 길

양지바른 언덕 아버지 어머니 잠이 드신 곳
그 곁에 나도 잠이 들겠지!

완도 아리랑

섬 하나 바윗돌 하나라도
눈에 익은 내 고향 완도
천 리 먼 길 타향에서
얼마나 그리워했던 내 고향 완도이던가
파도 소리 귀에 익은 부둣가에
어머니 아버지가 기다려 주던 곳
연락선 뱃고동은 울리지 않지만은
가슴에서 가슴으로 전해지는 곳
아리랑 아리랑 완도 아리랑

물 나간 그 자리에
고동 낙지 소라 해삼
주워 담던 그 추억이 손짓하는 곳
해 거름 따라 걷는
섬돌 아이는 어제도 오늘도
그리움에 물든 완도 아리랑을
부르고 부른답니다
아리랑 아리랑 완도 아리랑

우리의 완도

금당에 해 돋으면
청산에 푸른 꿈 깨어나고
소 안의 곧은 절개 이 땅을 지켰노라
약산의 불로초는 진시황도 못 찾고
그대로 있다네요

보길도에 가볼까요
세연정 동천석실 부용동을 걷다 보면
상왕봉에 달이 떠서 청해진에 달빛 내려
완도의 이백예순다섯 개의
섬을 품어 안고

해양 치유의 섬 명사십리
해상왕 장보고의 역사는 살아 있다
백운봉 날개를 펼쳐 구름 위에 날고 있는
여기가 바로 바다의 수도 완도랍니다
청정 바다의 수도 완도랍니다

물드는 노을 속으로

초판 1쇄 발행 2025. 7. 25.

지은이 백형봉
펴낸이 김병호
펴낸곳 주식회사 바른북스

편집진행 황금주
디자인 양헌경

등록 2019년 4월 3일 제2019-000040호
주소 서울시 성동구 연무장5길 9-16, 301호 (성수동2가, 블루스톤타워)
대표전화 070-7857-9719 | **경영지원** 02-3409-9719 | **팩스** 070-7610-9820

• 바른북스는 여러분의 다양한 아이디어와 원고 투고를 설레는 마음으로 기다리고 있습니다.

이메일 barunbooks21@naver.com | **원고투고** barunbooks21@naver.com
홈페이지 www.barunbooks.com | **공식 블로그** blog.naver.com/barunbooks7
공식 포스트 post.naver.com/barunbooks7 | **페이스북** facebook.com/barunbooks7

ⓒ 백형봉, 2025
ISBN 979-11-7263-511-4 03810

• 파본이나 잘못된 책은 구입하신 곳에서 교환해드립니다.
• 이 책은 저작권법에 따라 보호를 받는 저작물이므로 무단전재 및 복제를 금지하며,
이 책 내용의 전부 및 일부를 이용하려면 반드시 저작권자와 도서출판 바른북스의 서면동의를 받아야 합니다.

글을 쓴다는 것은 잔잔한 호수 같은 맑은 마음에
하늘을 품은 넓은 가슴으로
세상의 아름다운 꽃과 함께 내뿜는 향기를 뿌려주고
사시사철 변화하는 자연의 숨결을 따라 지나는 바람이 옷깃을 스며들듯이
흘러가는 구름 위에 띄워 보내는
편지를 전하듯이 인생의 황혼역 언덕에 올라서서
물드는 노을 속으로 걸어가는 발자국을 세상에 남기고 있다.

이 책은 전라남도, (재)전라남도문화재단의 후원을 받아
발간(제작)되었습니다.